Phillip Kansa et Elke Kirchner

# Rencontre avec votre animal TOTEM

Éditions **CONTRE-DIRES**
19, rue Saint-Séverin
75005 Paris

Titre original : *Finde dein Krafttier und höre die Botschaft seiner Seele*


Traduit de l'allemand par Flora Brunier


ISBN : 978-2-84933-339-6

www.editions-tredaniel.com
info@guytredaniel.fr

facebook.com/editions.tredaniel

# Sommaire

# Remerciements

Je remercie mes deux filles, Brigitte et Charlotte, pour leur franchise et pour m'avoir laissé suivre ma vocation – même si cela m'a souvent éloigné d'elles de plusieurs milliers de kilomètres. Dans mon cœur, vous avez toujours été, et êtes toujours, tout près !

Phillip Kansa (Spirit Bear)

Mon parcours chamanique m'a ouvert les portes du royaume des animaux totems. L'amour, la tolérance et le soutien de ma famille m'ont permis de suivre ce chemin. Je remercie particulièrement ma mère, Ingeborg, mes sœurs, Barbara et Heike, et ses enfants, Anika, Anna et Simon. Vous avez toujours cru en moi.
Je remercie également mon compagnon de route adoré, mon meilleur ami et mon partenaire de vie, Spirit Bear : merci pour ta grandeur, ton amour et pour m'avoir fait découvrir que l'amour pour tous les êtres conscients est la chose la plus importante.

Elke Kirchner

Ensemble, nous remercions les participants à nos séminaires pour leurs prises de conscience – ils ont souvent été nos professeurs. Nous remercions également les éditions

Schirner pour leur confiance. Merci à Markus Schirner, Beate Christmann et Heike Wietelmann pour leur soutien et leur accompagnement bienveillant.

Elke Kirchner

# Introduction

Aujourd'hui encore, de nombreuses tribus indiennes continuent à transmettre leur savoir sur les animaux totems, perpétuant oralement la tradition.

Ce sont en particulier les chamans, hommes et femmes, qui travaillent avec les animaux totems, que l'on appelle aussi « animaux forts ».

Les animaux totems sont des aides spirituelles issues du royaume animal, qui t'offrent guérison, force, protection, compagnie et soutien au quotidien. Ils te relient à ta dimension spirituelle et te confèrent leur force. Ainsi, la force thérapeutique de l'ours, par exemple, renforce ton corps et t'aide à rester calme. Le regard visionnaire de l'autour t'aide à avoir une vue d'ensemble, et la sagesse de la chouette t'incite à prendre des décisions judicieuses. Tous ces animaux sont reliés à la source divine, à ton moi supérieur et à ton âme, qui porte en elle toute la connaissance. Ils te relient également à la Terre mère et à tout ce qu'elle a créé.

Nous t'invitons dans ce livre à enrichir ton monde et à accepter l'aide des énergies animales venues d'autres dimensions.

## Les exercices

Les exercices présentés ici t'invitent à prendre contact avec les animaux totems, à recevoir leur force et leur aide. Ces exercices te permettent de faire de profondes expériences spirituelles, qui te rendront plus fort, aussi bien dans la vie quotidienne que dans des situations spécifiques.

Pour les pratiquer, choisis un endroit où tu te sens bien. Tu peux aussi allumer une bougie pour inviter le monde des esprits. Une légère musique de fond t'aidera à entrer en communication avec les dimensions supérieures.



Nous te souhaitons beaucoup de joie dans tes rencontres et voyages intérieurs et extérieurs !

## Comment utiliser ce livre

Tu peux lire ce livre en entier ou l'utiliser comme ouvrage de référence. Tu peux encore le tenir contre ton cœur, puis te demander dans quelle situation actuelle tu pourrais avoir besoin de l'aide d'un animal totem. Ouvre le livre selon ton intuition pour trouver l'animal fort qui peut te soutenir dans ce moment précis. Tu peux également suivre la même démarche pour invoquer un animal fort pour une journée, une semaine ou un mois.

Tu remarqueras qu'en te plongeant dans cette démarche, un nouveau monde s'ouvre à toi ; à l'extérieur aussi, tu rencontreras de plus en plus d'animaux. Les animaux totems peuvent t'apporter un puissant enrichissement et soutien à tous les niveaux.

## Traditions et voyages au pays des animaux totems

Dans plusieurs traditions, les êtres humains sont accompagnés depuis l'enfance d'un animal totem. Il est en lien étroit avec la mission de leur âme. Pour découvrir quel est ton animal totem, tu peux faire un voyage onirique avec l'aide d'un chaman ou d'un autre type de guide spirituel.



## Symboles des animaux totems

Les peuples primitifs taillent souvent leurs animaux dans la pierre (fétiches). Pour eux, la force de l'animal est ensuite dans la sculpture. Mais tu peux aussi, comme signe de ton lien à l'animal, le porter autour du cou sous forme de pendentif, ou mettre une photo de lui au mur.

## Les animaux que tu rencontres dans la nature

Les animaux que tu rencontres dehors, dans la nature, peuvent également t'indiquer que tu as besoin de leur force à ce moment-là. Et lorsqu'un animal se montre plusieurs fois à toi, il s'agit d'un signe clair. Regarde dans ce livre quel est son message. Si cet animal n'est pas décrit ici, prends le temps, dans le plus grand calme, d'établir un contact avec lui et de l'interroger sur son message. Fais confiance à ton intuition !

## Les animaux dans les rêves

Si des animaux t'apparaissent en rêve, cela a toujours une signification. Si l'animal dont tu as rêvé n'est pas décrit dans ce livre, connecte-toi à lui à travers un petit arc-en-ciel de couleurs vives partant de ton cœur. Représente-toi l'animal et interroge-le ensuite sur son message. Aie un peu de patience si une réponse ne te parvient pas tout de suite…

# L'aigle

## Caractéristiques positives

ꝏ Lien à la conscience spirituelle et au créateur.

## En quoi cet animal m'aide

L'aigle délivre les messages de Dieu et renforce ta conscience spirituelle. Il te relie à ton moi supérieur et donc à ton potentiel divin. Il te donne la force d'inclure aussi ton être spirituel dans ta vie quotidienne.



## Comment l'aigle me protège

L'aigle te garde de perdre la foi. Il t'apprend chaque jour à demander l'aide du Ciel. L'aigle vole haut dans les cieux

pour te délivrer les messages de Dieu. Il te montre que tu es un être spirituel et te relie à des dimensions supérieures. Invoque ton aigle, et le Ciel s'ouvrira à toi !

## Exercice pour me relier à cet animal

Tu contemples le ciel et vois quelque chose tournoyer tout là-haut. Il est difficile d'identifier ce que c'est. Prie en ton cœur que la chose se rapproche. Elle se rapproche effectivement, et tu distingues peu à peu de grandes ailes. Il s'agit de ton aigle, et il t'invite à voler avec lui. Dans son bec, il tient un ruban doré, qui symbolise ton lien à Dieu. Tu le touches délicatement et sens une lumière dorée gagner ton aura, ton champ énergétique et chaque pore de ta peau. Ton lien à ta conscience divine se renforce – tu peux maintenant recevoir des messages. Chaque fois que tu invoqueras ton aigle, il t'apportera dans son bec le ruban doré.

# L'antilope

## Caractéristiques positives

ᨐ Rapidité, pureté et renouveau.

## En quoi cet animal m'aide

Mue par ton moi supérieur, et en accord avec lui, l'antilope t'aide à réagir rapidement et avec élégance. Elle te rappelle qu'il faut garder purs tous les niveaux de ton être – ainsi que tes pensées. Les antilopes se nourrissent de sauge, une plante que les Indiens d'Amérique utilisent pour purifier l'aura, et comme thé à boire pour purifier le corps. Cet animal totem t'offre cette force de renouvellement dans tous les domaines de ta vie qui en ont besoin.

## Comment l'antilope me protège

Par la force du renouvellement, elle t'empêche de rester prisonnier du passé. Sa rapidité t'évite de réagir avec mollesse. Sa silhouette suffit à faire naître en nous, êtres humains, un sentiment de légèreté et de pureté. Elle t'ouvre ainsi à sa force purificatrice et régénératrice.

## Exercice pour me relier à cet animal



Ferme les yeux et respire dans ton cœur. Tu te trouves dans une prairie nord-américaine. Une magnifique antilope se détache d'un troupeau et s'approche de toi. Ton cœur est ensorcelé par sa beauté. Demande-lui maintenant de te conférer la force dont tu as besoin. Elle approche sa tête, et tu caresses son front. Tu es profondément ému. L'antilope te dit : « Invoque-moi quand tu as besoin de purification et de renouveau ! Invoque-moi la nuit, quand brille la Lune ! Invoque-moi avant d'aller te coucher ! » Remercie l'antilope et reviens dans l'ici et maintenant.

# L'araignée

## Caractéristiques positives

- Lien à la conscience supérieure,
- Signe de chance.

## En quoi cet animal m'aide

L'araignée tisse un mince fil jusqu'à ton moi supérieur, tes anges et tes aides spirituelles. Elle t'offre une connexion au Ciel. Tu y trouves des réponses à toutes tes questions existentielles. Pour de nombreuses tribus indiennes d'Amérique du Nord, une rencontre avec une araignée porte bonheur. 

## Comment l'araignée me protège

L'araignée, en tant qu'animal totem, t'empêche d'oublier, dans l'effervescence quotidienne, ton lien aux dimensions et aux êtres lumineux supérieurs. Si tu as besoin du conseil d'un guide spirituel, invoque l'araignée. Elle tisse le lien pour toi. Prends le temps, dans le silence, d'écouter ses messages. L'araignée t'incite à tisser un lien d'amour vers tous les êtres.

## Exercice pour me relier à cet animal

Assieds-toi dans un endroit calme. Détends-toi et invoque intérieurement ton araignée. Tu la vois devant ton œil mental. Demande-lui de tisser le lien que tu souhaites. Écoute en toi jusqu'à entendre, voir ou sentir une réponse ou un message. Remercie l'araignée quand le moment est venu pour toi de revenir dans l'ici et maintenant, et note tes découvertes par écrit.

# L'autour

## Caractéristiques positives

- Liberté intérieure,
- Protection et soutien.

## En quoi cet animal m'aide

Si tu rencontres un autour, voici ce qu'il te dit : « Tu es protégé et défendu. » Il vient à toi comme symbole de protection divine. Par sa force, cet animal t'aide à reconnaître que tu es libre de mener ta propre vie. Il dit : « Ne respecte pas si scrupuleusement les règles au point d'en oublier ta personnalité libre et tes souhaits personnels ! » En outre, l'autour se fait volontiers le gardien de tes desseins spirituels.

## Comment l'autour me protège

Cet animal fort t'offre une protection globale et puissante. Si tu vois un autour dans une période où tu es très occupé dans ta vie, celui-ci veut te dire : « Le monde spirituel veille sur toi. » Il t'empêche de te sentir perdu dans l'existence. Il te donne la force de ne pas te laisser happer par le flot de la vie, mais de reconnaître et de vivre tes forces personnelles.

## Exercice pour me relier à cet animal



Imagine que tu es assis dans une clairière, sur un banc en bois. Respire profondément et entre dans ton cœur. Maintenant, invoque mentalement l'autour. Tu aperçois soudain un rapace tournoyant dans le ciel. Il descend peu à peu et se rapproche de toi. Tu entends peut-être ses cris. Il tournoie maintenant si près de toi que tu peux distinguer les plumes striées de ses ailes. Tu sens une puissante énergie bienveillante fondre sur toi. Laisse ce flux énergétique recharger chacune de tes cellules. Tu es protégé. Cette énergie te donne la liberté de vivre ta propre vie, et tu es encouragé par le Ciel. Prends le temps d'accueillir tous ces cadeaux dans ton cœur, puis remercie l'autour. Tu vois l'oiseau regagner les cieux et te dire au revoir. Tu peux en être sûr : il est toujours là quand tu as besoin de lui. Inspire et expire profondément plusieurs fois. Prends conscience du sol sur lequel tu es allongé ou du siège sur lequel tu es assis, et reviens dans l'ici et maintenant.

# Le bison

## Caractéristiques positives

- Abondance et force,
- Découverte de sa capacité de résistance.

## En quoi cet animal m'aide

Ce grand et puissant animal t'aide à rester dans la profusion de la vie. Les bisons ont fourni à des générations d'Indiens d'Amérique du Nord tout ce dont ils avaient besoin pour vivre. La nourriture spirituelle que t'apporte le bison est la conscience que nous ne formons qu'un, et que nous pouvons nous fier au Grand Esprit. Dieu veille sur toi. Le bison est le seul animal qui possède la force de résistance d'avancer dans la prairie en pleine tempête, contre le vent. Cette force t'aide à tracer ta route, quels que soient les vents contraires.



## Comment le bison me protège

Le bison te protège du manque. Il te donne la force de tenir, même dans les périodes de tumulte. Sa confiance dans les éléments et son lien avec eux t'aident aussi à croire au bon. Il te protège de la peur. Il te donne le courage de ne pas renoncer, même dans les moments difficiles.

## Exercice pour me relier à cet animal

Ferme les yeux et, devant ton œil mental, imagine-toi debout au milieu d'une prairie. Tu vois devant toi un troupeau de grands bisons bruns. Ils broutent, sans se laisser perturber par ta présence. Demande-leur de te prêter leur force.

Subitement, tu te retrouves sur le dos d'un puissant bison, qui te dit mentalement : « Tiens-toi bien, et sens comme la force, la confiance et la persévérance circulent de moi à toi. » Le bison se met en mouvement. Pense maintenant à une situation de ta vie où tu as besoin de ces qualités de force, et laisse-les pénétrer cette situation. Vois comme la situation se transforme pour toi. Il est important que le changement s'opère pour le bien de toutes les personnes impliquées. La représentation produit déjà la transformation. Prie le bison de s'arrêter lorsqu'il est temps pour toi de revenir dans l'ici et maintenant. Invoque toujours ton bison lorsque tu as besoin de son soutien.

# La buse

## Caractéristiques positives

- Gagner une vision d'ensemble,
- Comprendre le passé,
- Voir clairement et interpréter le présent et l'avenir.

## En quoi cet animal m'aide

La buse plane dans ta vie pour t'inciter à adopter une vision nouvelle. Où en es-tu en ce moment ? Dans quels domaines stagnes-tu ? Elle peut t'aider en te faisant survoler les choses avec elle, pour identifier ton chemin de vie. De son point de vue élevé, tu peux ainsi percevoir les liens entre le passé et le présent et reconnaître clairement comment tu peux créer ton avenir au mieux.



## Comment la buse me protège

La buse t'invite à observer le passé sans le juger et à identifier les connexions avec le présent, pour que tu puisses avancer plus facilement. Elle te protège des accidents de parcours et des échecs. Invoque-la quand tu as le sentiment que les projets qui te tiennent à cœur n'avancent pas, ou quand tu ne cesses de rencontrer des obstacles sur ton parcours. Par ailleurs, il est

peut-être simplement temps de regarder ta vie dans sa globalité.



## Exercice pour me relier à cet animal

Choisis un endroit où tu ne seras pas dérangé. Demande à ton moi supérieur de te guider. Pense à une buse, qui plane haut dans le ciel. Tu contemples sa légèreté et sa grâce. Dans ton cœur naît le profond souhait de voler avec elle. De là-haut, tu contemples un paysage verdoyant et tu distingues chaque chose parfaitement. Tu n'as jamais vu aussi bien. Tu remarques maintenant que tu planes haut dans les airs. La buse t'a prêté son corps pour un voyage méditatif. Prie l'esprit de la buse de parcourir ton chemin de vie. Tu reconnais ainsi facilement les points importants et peux réfléchir comment avancer avec le plus d'aisance possible. Prends tout le temps nécessaire. Inspire profondément et reviens dans ton corps. Remercie la buse pour son aide.

# Le canard

## Caractéristiques positives

- Aide à prendre un nouveau départ,
- Équilibre, espoir et sérénité.

## En quoi cet animal m'aide

Généralement, le canard fait son apparition au printemps et annonce un recommencement. Il t'aide à oser prendre un nouveau départ. Ta tâche consiste maintenant à créer un équilibre entre activité et mouvement, et détente et repos. Cet animal totem se déplace dans l'air, dans l'eau et sur la terre. Il te montre ainsi que tu peux avancer de différentes façons. Il est toujours porteur d'espoir.

## Comment le canard me protège

En t'offrant la diversité de ses talents, le canard te protège de l'unilatéralité. Il te préserve de la stagnation et te donne espoir. Il propose toujours différentes possibilités d'avancer. Il t'incite à trouver ton propre rythme de vie, et t'alerte lorsqu'un nouveau départ est possible, pour que tu ne passes pas à côté de l'opportunité ou te réveilles trop tard.

## Exercice pour me relier à cet animal

Ferme les yeux et imagine que tu es assis au bord d'une rivière paisible. Tu trempes nonchalamment tes pieds dans l'eau tiède. Tu te sens bien. Tu aperçois une famille de canards. Ils se sont rassemblés au bord de la rivière et te regardent avec une curiosité bienveillante. Regarde-les à ton tour et prie-les de te conférer leur force. La joie remplit ton cœur. Si tu le souhaites, invoque des images ou des mots intérieurs qui te montrent la prochaine étape à suivre. Demande à ton moi supérieur de te guider. Note par écrit toutes tes découvertes. Remercie les canards. Respire profondément en ton cœur, et retrouve la sensation de ton corps. Bienvenue dans l'ici et maintenant !

# Le castor

## Caractéristiques positives

ᔓ Se libérer du passé et suivre sa voix intérieure.

## En quoi cet animal m'aide

Le castor est un bon bâtisseur et il t'aide à te sentir protégé dans ta maison. Il te confère une capacité d'adaptation rapide lorsque ton lieu de vie ne te convient plus. Il t'aide à oser chercher quelque chose de nouveau et de mieux. Il t'encourage à t'implanter dans un endroit qui est bon pour toi. Le castor t'offre la légèreté et l'enthousiasme face aux choses nouvelles.

## Comment le castor me protège

Il t'empêche de rester dans un habitat qui n'est plus bon pour toi. Il t'offre le changement et la joie de créer quelque chose de nouveau et d'abandonner l'ancien. Invoque-le quand tu souhaites rénover ou construire une maison. Le castor a du flair lorsqu'il s'agit de construire une demeure solide et saine. Invoque la force du castor quand tu ne sais pas encore où élire ton nouveau domicile. Le castor construit près des cours d'eau et installe ses fondations là où le courant le permet, et où cela est bénéfique pour lui. Si tu veux savoir où tu dois maintenant t'installer dans le flux de la vie, demande à ton castor.



## Exercice pour me relier à cet animal

Ferme les yeux et imagine que tu te trouves au bord d'une rivière. Le soleil brille et tu regardes l'eau. Tu aperçois devant toi, au bord de l'eau, une hutte de castor. Un des castors sort de l'eau et t'examine. Tu sens la force de liberté en lui, et tu sens qu'il suit toujours sa voix intérieure. À ce moment-là, grandit en toi la certitude que tu possèdes également cette aptitude à savoir ce qui est bon et juste pour toi. Prie maintenant l'animal de répondre à une question. Écoute en ton cœur. C'est à cet endroit que le castor envoie sa réponse. Remercie l'animal et sois convaincu de ceci : cet endroit et ton castor sont toujours là pour toi !

# Le cerf

## Caractéristiques positives

- Force du mental et respect de soi,
- Trouver la bonne voie.

## En quoi cet animal m'aide

Le cerf t'aide à renforcer ton estime de toi. Il te montre que « c'est dans le calme que réside la force », et il te relie à ton intuition. Il t'aide à rester sur la bonne voie, et te montre que tu peux assumer seul la responsabilité de ta vie et que tu n'es pas obligé de suivre l'avis des autres.



## Comment le cerf me protège

Le cerf t'empêche de considérer l'avis des autres comme plus important que toi-même. Il t'incite à rester sur ta propre

voie et à faire confiance à ton intuition. Sous sa protection, tu trouves ton calme et ta force, et parviens à les préserver. Le cerf t'aide à suivre tes impulsions intérieures.

## Exercice pour me relier à cet animal

Imagine que tu es dans une clairière entourée d'arbres somptueux. Tu te délectes de ce paysage. Maintenant, demande à ton cerf de se montrer à toi. Après quelques instants, tu entends des bruits et sais que ton cerf approche. Le voilà, debout, dans la clairière. Il est grand, puissant et majestueux. Tu entends une voix intérieure qui te dit : « N'aie pas peur ! Ma force et mon endurance t'appartiennent. Connecte-toi à moi et tu le sentiras. » Invoque à présent ce lien et observe comme tu deviens calme. C'est comme si tu grandissais. Ton dos se redresse et tu adoptes intérieurement une posture plus affirmée. Tu es en accord avec toi-même et tu es très confiant, calme et solide. Si tu le souhaites, tu peux interroger ta voix intérieure quant à la prochaine étape que tu devras suivre. Le cerf te regarde et quitte lentement la clairière. Tu sais qu'à chaque fois que tu as besoin de sa force, tu peux revenir dans ce lieu et y retrouver ton cerf.

# Le cheval

## Caractéristiques positives

- Atteindre ses objectifs par la mobilité et la volonté,
- Trouver sa place dans la communauté.

## En quoi cet animal m'aide

Le cheval, en tant qu'animal totem, te donne la persévérance et la volonté de donner le meilleur de toi-même. Avec force et grâce, il sert celui qui comprend son langage. Le cheval a besoin de compagnie pour se sentir bien. Il t'aide à vivre en collectivité et à accepter que chacun ait sa place.



## Comment le cheval me protège

Le cheval te protège de la solitude et te rappelle que chacun peut trouver sa place dans la société. Sa persévérance et sa volonté l'empêchent de renoncer trop vite. Son agilité t'apprend à surmonter les obstacles ou à les contourner et à prendre une nouvelle voie.

## Exercice pour me relier à cet animal

Imagine que tu te trouves devant un enclos et que tu observes un troupeau de chevaux. L'un d'eux attire fortement ton attention. Relie-toi par le cœur à cet animal. Il se détache lentement du troupeau et, au pas, s'approche de toi. Tu ressens sa puissance et sa beauté. Ses forces gagnent ton champ énergétique et emplissent tout ton corps. Le cheval tend sa tête, que tu caresses doucement. Tous deux appréciez ce moment de proximité partagée. Demande au cheval de te prêter sa force et dis-lui, si tu le souhaites, dans quelle situation tu as besoin de ses qualités. Tu peux aussi lui demander comment il s'appelle, pour pouvoir l'invoquer à tout moment. Si la rencontre touche à sa fin, remercie l'animal, respire dans ton cœur, et reviens dans l'ici et maintenant.

# Le chevreuil

## Caractéristiques positives

- Pureté, douceur et amour,
- Transformation du négatif grâce à l'amour.

## En quoi cet animal m'aide

Le chevreuil t'aide à agir avec ton cœur. Il te dit : « Reste dans ta douceur et ta pureté et fais fondre toute la noirceur. » Lorsque le chevreuil te regarde, il est capable de transformer, par sa pureté et sa douceur, la colère, la rage et même la méchanceté en compassion et en amour.



## Comment le chevreuil me protège

Le chevreuil t'aide à dépasser la colère et la frustration. Cet animal totem te montre comment la pureté et la douceur permettent de faire disparaître les émotions et les sentiments négatifs chez les êtres humains. Chaque fois que tu penses que tu es en proie à des émotions négatives, le pouvoir du chevreuil te dit : « Sois courageux ! L'amour est la plus puissante force, la compassion et la compréhension t'ouvrent la voie. » Reconnais l'amour et la bonté en chaque être humain, même lorsqu'ils sont cachés derrière les murs de la colère et de la rage. Le chevreuil t'empêche de penser que les émotions négatives puissent être le vrai moi d'une personne. Il te permet de reconnaître que l'amour est la base de ce monde.

## Exercice pour me relier à cet animal

Dans ton monde intérieur, promène-toi dans une clairière. C'est un endroit magnifique et très paisible, et tu y es seul. Tu découvres maintenant, non loin de toi, un petit troupeau de chevreuils. Aucun d'eux ne s'enfuit. Connecte-toi par le cœur à ces animaux, en leur envoyant de l'amour. Un chevreuil en particulier te regarde droit dans les yeux. Approche-toi lentement de lui et tu vas sentir que son regard inonde ton cœur de douceur et de pureté. Il te touche profondément. Ce regard est comme une vague qui emporte avec elle tout ce qui n'est pas de l'amour. Remercie l'animal et sache que chaque fois que tu reviendras dans ce lieu, le chevreuil t'y attendra.

# La chouette

## Caractéristiques positives

- Reconnaître les sagesses éternelles,
- Recevoir des réponses clairvoyantes,
- Activer le troisième œil.

## En quoi cet animal m'aide

La chouette t'aide à te relier à ta sagesse intérieure et à ouvrir ton troisième œil. Elle active ta clairvoyance et t'aide à accéder à la sagesse des visionnaires ancestraux.



## Comment la chouette me protège

La chouette t'empêche de prendre les mauvaises décisions, en te reliant à ta sagesse intérieure. Elle active ton troisième œil quand tu veux voyager dans d'autres dimensions et peut renforcer ta lucidité. Dans les méditations profondes ou quand tu es en quête de visions, elle te relie aux anciens sages visionnaires et protège votre lien, afin qu'un contact permanent puisse s'établir.

## Exercice pour me relier à cet animal

Adosse-toi à un arbre, soit mentalement, soit dans la nature. Choisis un grand arbre, solidement enraciné. Auprès de lui, tu te sens en sécurité et protégé. Tu vois le soleil se coucher

et la nuit s'installer peu à peu. Tu regardes vers le ciel et plonges ton regard dans les grands yeux d'une chouette. Invoque sa force, et sens comme elle se connecte à toi. Puis, prends le temps d'accueillir un enseignement de sagesse ou une vision. Quand tu as terminé l'exercice, remercie la chouette et sois sûr qu'elle est toujours là pour toi. Il te suffit dorénavant de penser à elle.

# Le colibri

## Caractéristiques positives

ꟷ Sensibilité, délicatesse, et perception accrue.

## En quoi cet animal m'aide

Le colibri t'ouvre à des vibrations supérieures, comme la beauté et la douceur de la vie. Sa présence te permet de ressentir les énergies fines qui t'entourent et qui rendent la vie si envoûtante. En tant qu'animal totem, le colibri t'aide à ouvrir ton cœur par la beauté délicate et te permet de percevoir toute chose comme un champ énergétique pulsatif, aux couleurs de l'arc-en-ciel.



## Comment le colibri me protège

Le colibri te garde de passer à côté de la beauté de la vie. Il veille à ce que, dans la vie de tous les jours, tu ne sois pas dur avec toi-même et avec les autres, mais à ce que tu ouvres

ton cœur et vives ta sensibilité et ta douceur. Ce petit oiseau, dont le plumage s'irise de somptueuses couleurs, t'encourage à voir le monde avec le cœur. Il t'aide à reconnaître ceci : aussi âpre que puisse parfois être la vie, tu as toujours la possibilité de te relier à l'arc-en-ciel et aux vibrations d'amour, qui te portent et t'élèvent. L'arc-en-ciel inonde ton cœur d'une lumière vibrante.

## Exercice pour me relier à cet animal



Choisis un endroit où tu ne seras pas dérangé. Ferme les yeux et imagine que tu es dans un endroit paisible du sud-ouest des États-Unis. Le soleil brille et l'air est sec et chaud. Tu es assis dans le patio d'une maison. Devant toi se trouve un arbuste aux magnifiques fleurs rouges. Tu le regardes de plus près et aperçois un petit oiseau au long bec, qui bat rapidement des ailes. Invoque-le intérieurement ; il s'approche tout près de toi. Tu sens son rapide battement d'ailes, et ton cœur s'ouvre. Cet animal te touche au plus profond de ton être, éveillant tes sentiments les plus tendres. Laisse ces sentiments gagner tout ton être. Tu as l'impression que le ciel s'ouvre à toi. Ton ami s'envole à présent, mais le sentiment de communion demeure. Savoure-le, et lorsque tu sens que le moment est venu, reviens dans l'ici et maintenant.

# Le corbeau

## Caractéristiques positives

- Transmission de la magie,
- Compagnon protecteur dans les voyages oniriques,
- Fidélité à la vérité.

## En quoi cet animal m'aide

Invoque le corbeau lorsque tu as besoin de tes forces magiques et thérapeutiques, et que tu souhaites les révéler. Demande-lui de t'accompagner lorsque tu voyages dans d'autres dimensions (voyages chamaniques). Demande-lui d'être ton escorte protectrice. Si des choses te préoccupent

depuis longtemps sans que tu parviennes à les exprimer, relie-toi à la force du corbeau. Elle te donne le courage de dire tout ce que tu as sur le cœur.

## Comment le corbeau me protège

Le corbeau te promet des moments magiques. Il est capable d'agir en même temps dans différentes dimensions, et il te protège et t'accompagne dans les rituels magiques et les voyages dans d'autres dimensions. Cet animal t'aide à exprimer ta vérité intérieure – même si tu dois t'attendre à ce que d'autres personnes aient un avis différent.



## Exercice pour me relier à cet animal

Concentre-toi sur ton troisième œil, placé entre tes sourcils. Détends-toi et invoque le corbeau. Demande-lui de t'envoyer un signe. Imagine que tu touches délicatement son plumage et que tu plonges ton regard dans ses yeux noirs. T'offre-t-il une plume ? Sa force se répand en toi et te protège dans l'ici et maintenant ainsi que dans tous tes voyages dans d'autres dimensions.

# Le coyote

## Caractéristiques positives

- Propose une façon de vivre plus joyeuse,
- Débrouillard avisé.

## En quoi cet animal m'aide

Le coyote t'aide à considérer la vie sous l'angle à la fois de l'humour et de la sagesse. « Ne prends pas la vie, ni toi-même, trop au sérieux ! », te conseille-t-il. « Joue davantage, et prends la vie avec légèreté. Sache qu'il existe un pouvoir supérieur qui t'aime et dirige les choses au mieux, si tu le laisses faire. » La force du coyote te fait prendre conscience qu'il y a toujours différents points de vue. Le coyote est malin, et il aime jouer des tours. Il a toujours de bonnes et sages solutions à te proposer – mais ce ne sont pas forcément celles que tu attends !

## Comment le coyote me protège

Le coyote t'apporte une ouverture d'esprit. Il dévoile ce qui est caché, et ce, le plus souvent quand tu t'y attends le moins. Il t'empêche de refouler, de retenir les choses. En acceptant de voir ce que le coyote te montre, tu peux te libérer avec légèreté et humour des vieux modèles de pensée qui t'empêchent d'avancer.

## Exercice pour me relier à cet animal

Imagine que tu es assis sur une petite colline dans un paysage désertique d'Amérique du Nord. Invoque de tout ton cœur la force du coyote. Tu aperçois l'animal qui avance lentement dans ta direction. À environ deux mètres de toi, le coyote s'allonge sur le sable chaud et te regarde. Pense maintenant à une situation pour laquelle tu as besoin de sa force, et ferme les yeux. Le coyote va t'envoyer des images de la solution. Fais confiance à ton inspiration. Remercie l'animal et reviens dans l'ici et maintenant. N'oublie pas : quand tu implores le coyote de t'aider, les solutions apportées sont très efficaces, et souvent surprenantes et drôles.

# Le cygne

## Caractéristiques positives

- Intégralité,
- Courage,
- Amour inconditionnel et fidélité.

## En quoi cet animal m'aide

Le cygne t'apporte paix, amour durable et accès à tous tes niveaux de conscience. Il t'aide à harmoniser corps, esprit et âme, et t'ouvre la porte de ton moi supérieur. Le cygne choisit un partenaire pour la vie entière et aime inconditionnellement. Il t'encourage à vivre en accord avec toi-même et avec le monde, et ouvre de nouveaux espaces dans ton cœur.

## Comment le cygne me protège

Le cygne t'empêche de rompre trop précipitamment et te rappelle que tu ne vois bien et ne prends de décisions sensées qu'avec le cœur. Cet animal fort te permet de vivre pleinement et t'offre une connexion globale. Le cygne porte chance dans tous les domaines de l'existence. Il te confère le véritable amour et le lien divin.

## Exercice pour me relier à cet animal

Respire dans ton cœur. Imagine que tu te trouves à l'intérieur de ton cœur et que tu vois devant toi une superbe porte blanche et arquée. Tu t'approches de cette porte, l'ouvres et te retrouves dans une partie du paysage de ton âme. Devant toi coule une paisible rivière, au bord de laquelle tu vas t'asseoir. Tu aperçois deux cygnes. Reste très calme et invoque-les dans ton cœur, souhaite qu'ils se rapprochent. C'est ce qu'ils font en te regardant de leurs yeux noirs et bienveillants, qui sont comme un miroir dans lequel tu peux te voir. Tu sens à présent comme ton cœur s'ouvre et se remplit d'amour. Cette force s'amplifie et tu saisis de plus en plus de choses. C'est comme si tout ton être se connectait maintenant à la paix dans ton cœur. Ce lien à ton moi supérieur te donne confiance en Dieu, et le sentiment que tout est possible. Ton esprit s'apaise et ton corps se détend. Ouvre les yeux à ton rythme et reviens dans l'ici et maintenant.

# Le dauphin

## Caractéristiques positives

~ Guérison par le jeu et la joie de vivre.

## En quoi cet animal m'aide

Le dauphin nage dans ta vie et t'encourage à vivre en liberté, avec enthousiasme et empathie. Il évoque ton enfant intérieur et t'aide à libérer les blocages émotionnels et à apprécier à nouveau la vie dans sa grande et belle diversité. Parce qu'il est fortement lié à l'amour et à la compassion, le dauphin guérit les cœurs brisés et rappelle en toi l'enfant joyeux, qui a le droit d'éprouver le monde comme un jeu qui rend heureux.

## Comment le dauphin me protège

Le dauphin te garde de voir la vie comme un fardeau. Il t'aide à reconnaître que tu réussis mieux et plus facilement les choses lorsque tu es joyeux et léger. Sa présence et sa nature authentique, avenante, apportent la guérison dans des domaines que tu n'aurais pas imaginés. Cet animal totem te permet de dépasser les expériences traumatisantes de l'enfance. Il guérit les anciennes blessures, pour que tu ressentes à nouveau la joie de vivre.



## Exercice pour me relier à cet animal

Imagine que tu es en mer, sur un bateau. Le soleil brille et une famille de dauphins nage à côté du bateau. Ces élégants habitants des mers sautent hors de l'eau, pleins d'entrain, avant de plonger de nouveau. Ton bateau glisse calmement sur les vagues, et les dauphins se calment peu à peu. Tu sautes dans l'eau. Un dauphin s'approche de toi. Il te touche délicatement et affectueusement et t'invite à nager avec lui. Tu t'accroches à sa nageoire dorsale. Tranquillement, vous glissez ensemble à travers les eaux. Son comportement doux et amical te touche au cœur, et tu te sens infiniment aimé et porté. Une vague d'affection divine t'inonde, et ton cœur éprouve la joie et la guérison. Remercie ton animal, et reviens dans l'ici et maintenant en inspirant et en expirant profondément. Prends tout le temps dont tu as besoin.

# L'écureuil

## Caractéristiques positives

- Joie au travail,
- Efficacité par le jeu.

## En quoi cet animal m'aide

L'écureuil te permet de découvrir que le travail peut procurer du plaisir, et t'apprend à être plus efficace. De manière ludique et légère, il fait ses réserves de noix pour l'hiver. Son apparition magique nous touche au cœur et nous apporte de la joie. L'écureuil t'aide à prendre conscience que, dans les moments de plénitude, tu récoltes avec soin et plaisir. Tu peux ensuite, au rythme de la nature et de ton âme, te retirer dans un endroit protégé, où tu as désormais le temps de te détendre et de rêver – et de faire des projets pour l'avenir.

## Comment l'écureuil me protège

L'écureuil te préserve de la morosité et te pousse à accomplir les bonnes choses au bon moment. Il te permet d'éviter la routine en te ramenant dans la joie et la légèreté, et il ne cesse de te rappeler que la force du jeu te protège de l'austérité et de la monotonie. L'écureuil t'apprend à voir avec le cœur.

## Exercice pour me relier à cet animal

Imagine que tu es assis dans un beau jardin. Devant toi, un écureuil, plein d'entrain, sautille sur un arbre. Appelle-le à toi intérieurement. Comme guidé par une main mentale, il vient et s'assied à moins d'un mètre de toi. Prie-le de te conférer sa force, sa joie, sa capacité de jeu et sa plénitude. Tu sens une chaleur dans ton cœur, et un sourire intérieur gagner ton visage : tu as reçu ses dons. À partir de maintenant, à chaque fois que tu penses à cette chaleur dans ton cœur, elle naît en toi, et la force de l'écureuil est avec toi.

# Le faucon

## Caractéristiques positives

- Avoir une vision d'ensemble des situations difficiles,
- Reconnaître les aptitudes et forces divines intérieures,
- Saisir les opportunités.

## En quoi cet animal m'aide



Le faucon te rappelle ta force intérieure et tes dons divins. Invoque son aide quand tu veux commencer quelque chose de nouveau et que tu n'es pas vraiment sûr qu'il s'agisse du bon moment. Le faucon sait quand de bonnes opportunités vont s'ouvrir à toi.

## Comment le faucon me protège

Le faucon t'empêche de prendre les mauvaises décisions. Quand tu invoques ton faucon, tu peux observer les situations d'en haut et, ainsi, mieux les évaluer. Sur ton chemin spirituel, cet animal te rappelle de quoi tu es capable et t'évite de faire fausse route.

## Exercice pour me relier à cet animal

Assieds-toi dans un endroit calme. Respire dans ton cœur et prie ton moi supérieur de te guider. Imagine maintenant que tu te trouves dans une vieille église donnant sur un beau jardin. Tu t'assieds sur un banc. C'est un endroit paisible et sacré. Tu aperçois dans le clocher un superbe faucon. Il te regarde, et tu le regardes aussi. Invoque sa force et sens comme il se connecte à toi. Devant ton œil mental apparaît maintenant un symbole ou une image, et tu y reconnais la réponse du faucon à tes questions. Remercie ce lieu ainsi que ton faucon. Respire à pleins poumons, prends conscience de la surface sur laquelle tu es assis. Te voici de retour dans l'ici et maintenant.

# La fourmi

## Caractéristiques positives

- Dévouement, force curative, énergie de la Terre mère.

## En quoi cet animal m'aide

La fourmi te montre ce qu'il y a à entreprendre dans ta vie en ce moment. Elle t'aide aussi à être au bon endroit au bon moment. Elle vit dans la Terre mère et te relie ainsi à la féminité originelle. Les fourmis transportent de petits cailloux jusqu'en haut de leurs dômes. Pour les Indiens d'Amérique, ces petits cailloux sont sacrés et ils sont utilisés lors de rituels, car ils favorisent le lien à d'autres dimensions. Ainsi, cet animal totem t'aide avec son cadeau à te relier au créateur et à la force de guérison.



## Comment la fourmi me protège

La fourmi t'empêche de stagner et te donne l'impulsion pour avancer. Elle te montre que tu n'es pas seul et que la Terre mère te protège non seulement physiquement, mais aussi énergétiquement, avec l'énergie de la féminité originelle. Quand tu as beaucoup de choses à gérer et que tu as le sentiment d'être débordé, la fourmi te montre que tout chemin commence par le premier pas. Une étape après l'autre.

Elle te montre que la force vient par l'action. Relié à l'énergie inépuisable de la Terre mère, tu es protégé de l'épuisement et du *burn-out*.



## Exercice pour me relier à cet animal

Imagine que tu es devant le dôme d'une fourmilière et que tu observes les fourmis. Tu te retrouves soudain sur le dôme, et tu es de la taille des insectes. Tu peux sentir et voir que les fourmis sont liées, au niveau énergétique, à la Terre mère, et qu'elles puisent sans cesse une énergie nouvelle. La force circule dans ces petites créatures assidues, et elles mettent cette force au service de leur action. Maintenant, tu sais pourquoi ces insectes ne se fatiguent jamais. Ce courant énergétique circule aussi en toi. Respire en ton cœur : tu as maintenant retrouvé ta taille normale et te trouves à l'extérieur du dôme. Respire encore une fois en ton cœur et reviens dans l'ici et maintenant. Observe tes sensations dans tes pieds et dans tout ton corps, et ressens le flux énergétique. Remercie le peuple des fourmis et la Terre mère.

# La grenouille

## Caractéristiques positives

- Entrevoir de nouvelles perspectives de vie,
- Découvrir plusieurs solutions possibles,
- Purifier et clarifier.

## En quoi cet animal m'aide

De nombreux druides vénéraient les grenouilles, qu'ils considéraient comme des animaux devins et guérisseurs du fait de leur pouvoir thérapeutique et régénérateur. Si tu as besoin de guérison et de renouvellement, invoque le pouvoir de la grenouille. Si tu as envie d'atteindre une nouvelle dimension spirituelle, la grenouille t'aide à y parvenir facilement et de manière tangible.

## Comment la grenouille me protège

La grenouille te protège des blocages physiques et spirituels, et les dissout. Elle t'empêche de rester prisonnier des vieux schémas et de t'y accrocher. Sa force opère une renaissance.

## Exercice pour me relier à cet animal

Imagine que tu te trouves dans un paysage estival, au bord d'un étang. Tu es seul dans ce bel endroit. Connecte-toi à ton cœur, et invoque la force de la grenouille. Devant ton œil mental, apparaît une grenouille vigoureuse et énergique. Prie-la de t'apporter son soutien. Entame un dialogue intérieur avec elle et dis-lui dans quel domaine tu as besoin de sa force. Sens comme son pouvoir curatif et régénérateur circule en toi. Baigne quelques minutes dans ce flux revitalisant. Remercie la grenouille et le lieu, et reviens dans l'ici et maintenant. Cherche un caillou au bord d'un cours d'eau comme symbole de la grenouille, et conserve-le. Porte le caillou sur toi chaque fois que tu as besoin de la force de la grenouille.

# L'hermine

## Caractéristiques positives

- Pureté et honnêteté des intentions,
- Souplesse face au changement.

## En quoi cet animal m'aide

La force de l'hermine t'aide à avoir des intentions sincères et bienveillantes. Les Indiens d'Amérique affichent la pureté de leurs intentions en portant de la fourrure d'hermine sur leurs coiffes. Le pelage de l'hermine est blanc en hiver et brun en été ; ce petit animal t'encourage de même à t'adapter facilement aux changements de circonstances. « Ne reste pas prisonnier de tes schémas ! », dit la force de l'hermine. « Épouse le rythme de ta vie. »

## Comment l'hermine me protège

Quand les circonstances de ta vie changent, à l'image des saisons, l'hermine t'aide en tant qu'animal fort à ne pas te sentir vulnérable et livré à toi-même. Tout comme son pelage change de couleur, tu t'adaptes désormais aussi aux événements nouveaux. L'hermine te pousse à avoir des intentions sincères et à ne pas agir de manière volontariste. Sa pureté te rappelle celle de ton cœur.

## Exercice pour me relier à cet animal



Imagine qu'il fait nuit et que tu es assis dans une clairière. Tu invoques ton hermine, et tu la vois en train de renifler ta main. Tu la regardes et sens un courant énergétique gagner ton corps. Ressens cette force nouvelle dans chaque cellule de ton être. Elle inonde chacune de tes pensées et de tes actions, et te rend flexible. Imagine que tu portes sur ton chapeau un morceau de fourrure d'hermine, qui te rappelle la sincérité et la pureté de tes intentions. Remercie l'animal et reviens dans l'ici et maintenant.

# L'hirondelle

## Caractéristiques positives

- Chance dans la vie et en amour.

## En quoi cet animal m'aide

L'hirondelle est un oiseau porte-bonheur, en particulier en amour. Elle t'aide à être dans l'ici et maintenant et à apprécier le moment présent. Grâce à elle, tes pensées ne s'attardent

pas dans le passé ni le futur. Une ancienne légende raconte que des hirondelles auraient enlevé les épines des pieds de Jésus. Demande à cet animal totem de t'offrir le même soulagement et de te libérer de toutes les « épines » du passé.

## Comment l'hirondelle me protège

L'hirondelle t'empêche de rester prisonnier du passé. Elle t'aide à savourer le moment présent et te garde d'être totalement ailleurs en pensée. La force de l'hirondelle protège ton couple.



## Exercice pour me relier à cet animal

Ferme les yeux et imagine que tu observes une nuée d'hirondelles. L'une d'elles vole de plus en plus près de toi. Demande-lui de se relier à toi. Concentre-toi sur ton centre, et laisse sa force pénétrer ton cœur. Perçois tout ton être, et sens la vague de bonheur et de renouveau te submerger. Laisse cette force gagner tous les domaines de ta vie. Lorsque cela est accompli, reviens dans l'ici et maintenant. Remercie l'oiseau et savoure la vie !

# Le lapin

## Caractéristiques positives

- Productivité et créativité,
- Atteindre ses objectifs de manière ludique

## En quoi cet animal m'aide

Le lapin t'aide à exprimer ta créativité et à aborder ton travail sous l'angle du jeu. Cet animal fort t'encourage à mener tes projets avec enthousiasme et créativité. Il t'aide à concrétiser tes visions et tes idées, et à les rendre fructueuses.



## Comment le lapin me protège

Le lapin te garde de voir la vie comme un labeur et t'invite à aborder l'existence avec légèreté et fantaisie. Il réintroduit

le jeu dans tes activités et t'empêche de renoncer quand tu stagnes dans tes projets et tes démarches. La force du lapin te pousse à concrétiser des idées fécondes.

## Exercice pour me relier à cet animal

Imagine que tu vois un groupe de lapins dans un pré. Observe-les quelques instants. Tu ressens leur vitalité, et même s'ils sont tous tête baissée à grignoter l'herbe, ils sont en éveil et remarquent tout ce qui se passe autour d'eux. Ouvre ton cœur et invoque la force du lapin. Tu remarques comme l'énergie afflue en toi. Laisse la prolificité du lapin gagner le domaine de ton existence qui en a besoin. Imagine que tu réussis les choses, de manière ludique et joyeuse. Puis, remercie l'animal et reviens dans l'ici et maintenant.

# Le lézard

## Caractéristiques positives

- Préserver ou repousser les limites,
- Créer du lien,
- Puiser de l'énergie.

## En quoi cet animal m'aide

Le lézard te montre que les temps de pause et de recharge en énergie sont importants. Il t'aide à trouver une place au soleil dans le tumulte de la vie, pour te ressourcer et te recentrer. Il t'empêche aussi de te laisser happer par l'agitation qui t'entoure, et t'apprend à protéger ton espace, afin que, centré, tu puisses t'observer et t'aider toi-même. Le lézard t'incite à prendre en compte tous les niveaux de ton être.



## Comment le lézard me protège

Le lézard t'empêche de te perdre dans le quotidien. Il te ménage des moments de repos et de recentrage. Il t'aide à éviter de t'approprier des sentiments qui ne sont pas les tiens. Il t'encourage enfin à te voir comme un être spirituel et à considérer tous les niveaux de ton être.

## Exercice pour me relier à cet animal

Imagine que tu es dans un endroit chaud et sec, sablonneux et rocailleux. Tu t'assieds au soleil et découvres un lézard sur une pierre. Tu peux sentir qu'il est aussi lié à la Terre mère qu'au soleil qui le chauffe. Il t'invite à en faire de même. Tu te recentres de plus en plus, et le soleil te recharge en énergie et en chaleur. Le sol sur lequel tu es assis t'ancre à la terre et t'offre sécurité et énergie. Prie maintenant l'animal de t'aider à mieux respecter tes limites dans la vie quotidienne, et à repousser tes limites intérieures pour te voir comme un être complet, divin. Prends le temps nécessaire, puis reviens dans l'ici et maintenant.

# La libellule

## Caractéristiques positives

- Contact avec les fées et les elfes,
- Rapidité et agilité.

## En quoi cet animal m'aide

La libellule m'aide à entrer en contact avec les fées et les elfes. Ces êtres (aux deux paires d'ailes) vivent dans deux mondes. Ils se montrent aussi bien dans le monde « réel » que dans le monde « magique ». Les libellules sont très agiles. Lorsqu'elles aperçoivent un obstacle, elles corrigent leur trajectoire à la vitesse de l'éclair. La libellule t'aide à prendre des décisions rapidement et à franchir les obstacles avec aisance.

## Comment la libellule me protège

La libellule t'invite à découvrir le petit peuple des fées et des elfes, et t'ouvre les yeux sur leur présence. Elle te montre que tu ne dois pas te laisser décourager par les obstacles rencontrés, et t'encourage à décider rapidement et avec assurance comment continuer ta route. Invoque la libellule quand tu te sens dans une impasse ou que tu dois prendre des décisions difficiles.

## Exercice pour me relier à cet animal



Invoque de tout ton cœur le pouvoir de la libellule, et imagine que l'insecte t'invite à voler avec lui sur son dos. Ressens de tout ton être son agilité et sa rapidité gagner ton corps. Si tu veux, tu peux voler dans le monde du petit peuple, où tu peux invoquer l'aide magique des fées et des elfes. Tu ressens la vitesse et la légèreté de la libellule encore longtemps après être revenu dans l'ici et maintenant.

# Le loup

## Caractéristiques positives

- Compagnie puissante,
- Protection.

## En quoi cet animal m'aide

La force du loup est puissante. Il n'existe pas de plus grande protection que celle-ci. Le loup est un compagnon qui ne te laisse jamais seul. Il t'offre la sécurité, la force et le lien à toute chose. Le loup protège sa famille – la meute –, il console et rassure. Cet animal t'aide à appartenir à une famille ou à un groupe. Il t'aide à rompre avec l'isolement et la solitude, et t'invite à chérir ton clan.

## Comment le loup me protège

Le loup te protège quel que soit le chemin que tu prends. Où que tu sois, il est aussi, et il montrera les dents si quelqu'un de malveillant s'approche trop près de toi. À ses côtés, tes proches et toi êtes en sécurité. Il veille à ce que tous les membres de ta famille ou de ta communauté travaillent ensemble. Tous pour un, un pour tous.

## Exercice pour me relier à cet animal



Cherche un endroit paisible pour invoquer ton loup. Prends du temps pour cette rencontre importante. Inspire et expire profondément, et ouvre ton cœur. Dans le plus grand silence, tu l'entendras ou le sentiras sans doute approcher. Il va d'abord te flairer. Ne bouge pas et ouvre lentement les yeux. Ne le regarde pas directement, mais baisse légèrement le regard afin qu'il sente qu'il peut te guider. Puis, ferme de nouveau les yeux et sens la présence et l'énergie du loup gagner tout ton corps. Donne-lui un nom, par lequel tu peux toujours l'invoquer quand tu as besoin de son aide.

# La loutre

## Caractéristiques positives

- Inventivité, joie et renouvellement de l'énergie vitale.

## En quoi cet animal m'aide

La loutre t'aide à être inventif dans tes démarches et projets, pour que tu puisses les réaliser avec succès et facilité. Elle te confère la force du renouvellement et de la régénération. Elle te montre qu'avec de la joie dans le cœur, tu traverses plus facilement les phases difficiles. La famille étant importante pour la loutre, elle te confère la force d'un lien familial solide.



## Comment la loutre me protège

La loutre te garde de considérer ton travail comme un fardeau. Elle te permet de prendre conscience qu'avec la bonne attitude, toute chose peut apporter de la joie. Grâce à son pouvoir de régénération, elle te protège de l'épuisement et du *burn-out*. Par son inventivité, elle t'apprend à rebondir et à ne pas rester bloqué, et t'encourage à ne pas renoncer quand les choses sont importantes pour toi.

## Exercice pour me relier à cet animal

Ferme les yeux et imagine que tu es assis au bord d'une rivière. La loutre ne va pas se montrer spontanément, tu dois l'invoquer de tout ton cœur. Quelque chose bouge dans l'eau ; deux yeux noirs te regardent et, comme un flot de lumière, la force de ce petit animal souple gagne ton être. Sens cette force dans chacune de tes cellules. Laisse-la circuler partout où tu as besoin de joie et de régénération. Si tu as besoin d'une idée pour un projet spécifique, détends-toi, fais confiance à ton inventivité et laisse simplement la solution monter en toi. Lorsque tu te sens rechargé en énergie, remercie la loutre, offre-lui ton sourire, et reviens dans l'ici et maintenant.

# Le lynx

## Caractéristiques positives

- Clairvoyance,
- Capacité à dévoiler ce qui est caché.

## En quoi cet animal m'aide

Le lynx est un puissant animal totem. Il apporte la clair voyance et peut t'aider à identifier et à comprendre tout ce qui est dissimulé. Si tu te sens démuni face à certaines situations, le lynx te permet de voir en profondeur et de découvrir le fond caché des choses. Cet animal fort apporte la lumière et te relie à l'énergie et à la clarté du ciel.



## Comment le lynx me protège

Le lynx te protège de la perfidie des hommes. Il t'empêche de ne regarder une situation ou une personne qu'en surface. Il te protège des choses obscures autour de toi et aussi en toi. Il éclaire la pénombre et veille sur toi lorsque tu fais de nouvelles expériences spirituelles et prends de nouveaux chemins.

## Exercice pour me relier à cet animal

Choisis un endroit calme. Ferme les yeux et imagine que tu es assis à l'orée d'un bois, par une paisible nuit de pleine

lune. Appelle ton lynx de tout ton cœur, puis ne dis plus un mot. Ton animal va se montrer à toi devant ton œil intérieur. Tu sens sa présence et sa force. Pense maintenant à une situation dans laquelle tu pourrais avoir besoin de cette force. Laisse l'énergie du lynx gagner cette situation. Tu vas faire de nouvelles découvertes ! Tu observes les événements d'un point de vue nouveau, plus élevé. À partir de maintenant, demande toujours au lynx de t'éclairer quand tu veux trouver des solutions pour le bien de tous. Prends le temps dont tu as besoin avant de revenir dans l'ici et maintenant. Remercie le félin.

# L'ours

## Caractéristiques positives

~ Guérison, puissance et calme.

## En quoi cet animal m'aide

L'ours sait où poussent les plantes curatives ; il t'apporte la guérison et des dons de guérisseur. Sa force et son envergure sont impressionnantes et renforcent ces mêmes qualités en toi. Invoque la force de l'ours quand tu as besoin de soutien et que tu souhaites utiliser ou révéler tes qualités de guérisseur. L'ours t'aide dans les périodes de stress ou d'agitation à retrouver ton équilibre et à puiser une énergie nouvelle.



## Comment l'ours me protège

Il t'offre sa protection dans les situations importantes pour toi, pour que tes forces ne t'abandonnent pas. L'ours protège des maladies et de l'anxiété, et il aide les thérapeutes dans leur travail.

## Exercice pour me relier à cet animal

C'est l'hiver, il fait froid. Tu te trouves devant une grotte et sais qu'un ours y hiberne. Tu rampes jusqu'à lui dans la grotte. Il fait sombre et tu entends une respiration profonde. Tu te rapproches de l'ours et peux maintenant toucher son pelage. Tu t'allonges contre le dos de l'animal et sens le rythme de son souffle. C'est comme si tu te fondais dans son énergie, que tout ton corps en était rempli. Reste allongé là jusqu'à avoir la sensation d'être pleinement rechargé en énergie. Si tu as besoin de sa force curative, demande-lui de te la conférer. Puis remercie-le, rampe jusqu'à la sortie et reviens dans l'ici et maintenant.

# Le papillon

## Caractéristiques positives

- Transformation,
- Prendre un nouveau départ dans la légèreté.

## En quoi cet animal m'aide

Le papillon t'aide à te libérer du passé : son processus de transformation porte en lui un recommencement. Cet insecte t'invite à te débarrasser des vieux schémas du passé et à emprunter, affranchi, de nouvelles voies. Il te confère la légèreté et la certitude qu'après l'éclosion un chemin léger et merveilleux s'ouvre à toi. Tu as le droit de voler de tes propres ailes, plein de tendresse et de force à la fois.



## Comment le papillon me protège

Le papillon t'empêche de rester prisonnier des vieux schémas. Sa force de transformation t'aide à sortir de ta chrysalide. Il te prête l'endurance nécessaire aux longs voyages pour atteindre ton objectif, et t'évite d'interrompre le voyage trop tôt – en particulier quand l'objectif en question est important dans ta vie.

## Exercice pour me relier à cet animal

Imagine que tu es assis dans une belle prairie. C'est l'été, tu sens le parfum des fleurs. Un splendide papillon coloré vient se poser sur ton épaule. Tu ressens sa délicatesse et sa douceur. Réfléchis maintenant à ce dont tu aimerais te libérer pour prendre un nouveau départ. De quel poids pesant sur tes épaules pourrais-tu t'alléger aujourd'hui ? Le papillon posé sur toi prend son envol et tu sens que tout ce qui t'empêchait de renaître s'est volatilisé. Remarque comme tes épaules sont légères et sens que tu as déjà pris un nouveau départ.

# Le puma

## Caractéristiques positives

- Autorité naturelle et détermination,
- Réveil de la grâce.

## En quoi cet animal m'aide

Le puma t'aide à sortir de l'inertie et à agir rapidement. Son esprit de leader peut t'encourager à avoir des projets ambitieux et à les réaliser avec élégance. L'énergie du puma te confère la force physique.



## Comment le puma me protège

Cet animal fort t'empêche de passer à côté des bonnes occasions. Il renforce ton esprit de leader et t'empêche d'agir avec

mollesse. Il te fait prendre conscience qu'une présence gracieuse et une action déterminée renforcent ta confiance en toi et influencent positivement ton entourage.

### Exercice pour me relier à cet animal

Assieds-toi et ferme les yeux. Respire dans ton cœur. Invoque à présent la force et l'aide du puma. Tu entends son souffle se rapprocher de toi. Tu peux sans doute voir sa silhouette gracieuse devant ton œil mental. Son énergie se diffuse en toi et tu sens comme tu te redresses intérieurement. Laisse cette force circuler dans tous les domaines de ta vie qui en ont besoin. Vois maintenant les effets positifs ! Remercie l'animal et reviens dans l'ici et maintenant.

# Le renard

## Caractéristiques positives

- Gagner en ingéniosité,
- Gagner en diplomatie,
- Atteindre ses objectifs personnels avec élégance.

## En quoi cet animal m'aide



Le renard t'aide à rester vigilant en paroles et dans les relations humaines en général. Invoque-le quand tu as besoin d'aide dans des négociations. Le renard est rusé et identifie ce que l'on dit et ce que l'on préfère taire. Cela ne signifie pas que tu dois calculer de manière sournoise. Le renard

t'indique plutôt quand il est malin de dire quelque chose, et quand il est plus intelligent de te taire. Cet animal est un maître en matière de diplomatie, et il te montre comment tu peux atteindre tes objectifs avec élégance et facilité.

## Comment le renard me protège

Le renard t'empêche de révéler trop vite quelque chose qui pourrait te causer du tort. Sa force t'aide à dire les bonnes choses au bon moment et à ne pas commettre de graves erreurs par un comportement impulsif. Le renard te confère son élégance et met de la joie de vivre dans tout ce que tu entreprends.



## Exercice pour me relier à cet animal

Choisis un endroit où tu ne seras pas dérangé. Imagine que tu es assis près de la tanière d'un renard. Invoque l'animal et prie-le de t'aider. Quelques instants plus tard, un renard roux te scrute de son œil malicieux. Tu peux sentir sa force et son esprit vif. Invite-le dans ta vie, et chaque fois que tu penseras à son regard, sa force entrera en toi.

# Le serpent

## Caractéristiques positives

- Déploiement des forces thérapeutiques,
- Protection dans la méditation,
- Guide des lieux de force dans la nature.

## En quoi cet animal m'aide

Le serpent a de puissantes vertus thérapeutiques et soutient les hommes dans leurs métiers de thérapeutes. Il offre sa protection à tous ceux qui agissent sur différents plans énergétiques ou vivent de grandes ouvertures spirituelles. Quand un serpent se montre quelque part, il s'agit très certainement d'un lieu de force ou d'un endroit où l'on peut percevoir d'autres dimensions.



## Comment le serpent me protège

Le serpent offre une puissante protection lors des voyages chamaniques dans d'autres dimensions. Il te protège des maladies si tu travailles dans le domaine curatif. Sa protection très puissante agit sur plusieurs niveaux. Ainsi, invoque toujours le serpent quand tu veux changer de plan énergétique ou de dimension, et lors d'initiations.

## Exercice pour me relier à cet animal

Imagine que tu es assis dans un lieu de force, dans la nature, devant un antre. Il fait chaud sous le soleil. Tu t'appuies contre un rocher et regardes l'entrée du repaire. Invoque maintenant ton serpent ; tu le vois onduler lentement jusqu'à toi. Dans ta main, tu tiens de la poussière dorée. Elle t'aide à être vraiment sûr qu'il s'agit de ton serpent totem. Répands la poussière dorée sur l'animal. S'il s'illumine et devient plus beau, il s'agit bien de ton serpent. S'il se désagrège, attends encore un peu que ton véritable serpent se manifeste. Teste chaque nouveau serpent qui se montre à toi. Si tu as trouvé le bon, demande-lui son nom afin de pouvoir l'invoquer à tout moment.

# La souris

## Caractéristiques positives

- Soin apporté aux détails,
- Humilité et générosité.

## En quoi cet animal m'aide

La souris est modeste et se satisfait de ce qu'elle trouve. Elle t'aide à être reconnaissant pour les choses que tu as. « Concentre-toi sur l'essentiel ! », te souffle le pouvoir de la souris. Elle t'encourage à avoir l'esprit ouvert et l'âme généreuse, et à ne pas être trop critique.



## Comment la souris me protège

La souris te protège en t'aidant à prendre en compte tous les éléments importants d'une situation. Elle te montre que tu ne dois pas attendre, ni de toi-même ni des autres, de tout réussir d'un seul coup. « Travaille par petites étapes réalisables ! », te dit-elle. « Cela t'empêchera d'être débordé. »

## Exercice pour me relier à cet animal

Ferme les yeux et respire dans ton cœur. Entre profondément en toi. Imagine qu'une adorable petite souris s'approche de toi. Elle explore les alentours avec ses vibrisses et découvre la moindre petite miette qui pourrait la nourrir.

Tu commences à la comprendre et à te reconnaître dans ses actions. Pense maintenant à ta vie : dans quel domaine le point de vue de la souris t'est-il nécessaire ? Où vas-tu ? Te sens-tu débordé ? Laisse le pouvoir de la souris te montrer sur quoi tu dois actuellement te concentrer. Quand tu as obtenu des réponses à toutes tes questions, reviens dans l'ici et maintenant. Remercie l'animal pour son soutien.

# La taupe

## Caractéristiques positives

- Ancrage,
- Sensibilité accrue.

## En quoi cet animal m'aide

La taupe est très sensible. Elle perçoit la moindre vibration – même celle d'un ver de terre en mouvement. La taupe t'aide à développer ta sensibilité, afin que tu puisses percevoir les disharmonies subtiles dans ton entourage et réagir au bon moment. La taupe veille à ton ancrage, et t'offre les racines où tu puises ta force. Pour les Indiens Kansa, cet

animal totem connaît également les plantes médicinales et les racines thérapeutiques.

## Comment la taupe me protège

La taupe te permet de garder les pieds sur Terre. Elle t'aide à percevoir ce qui t'entoure, et te rappelle l'importance du lien pour une vie harmonieuse. Elle t'apprend à te fier à ton ressenti et à ton intuition, même quand tu ne vois pas où tu vas, et à continuer ta route. C'est ainsi que tu avanceras.



## Exercice pour me relier à cet animal

Imagine que la nuit tombe et que tu es assis dans une prairie. Autour de toi, tu vois quelques monticules de terre. Tout près de toi, l'un de ces monticules se met à bouger, et tu aperçois la petite tête d'une taupe. Elle t'invite à un voyage onirique. Tu te retrouves sur son dos ; ses pattes roses creusent la terre et vous vous enfoncez tous deux dans la Terre mère. Il fait sombre, et tu sens et humes la terre. C'est comme si tout ton être découvrait notre Terre mère dans ce qu'elle a de plus nourricier et protecteur. Tu ressens sa force, tout a l'air si vivant. Tu prends conscience qu'ici aussi, dans le noir, un monde existe – tu peux le percevoir. Remercie l'animal, et lorsque tu as reçu suffisamment d'ancrage, de force et de sensibilité, reviens dans l'ici et maintenant, en inspirant et en expirant profondément.

# La tortue

## Caractéristiques positives

- Retraite,
- Énergie préservée,
- Protection et sécurité.

## En quoi cet animal m'aide

La tortue t'aide à prendre de la distance quand tu en as besoin. Elle te suggère de ne pas prendre de décisions hâtives ni de foncer tête baissée. Pour les Indiens, la tortue symbolise la Terre mère, qui nous offre nourriture et ancrage. Le pouvoir de la tortue te relie à la protection et à la sécurité de la féminité originelle, et t'offre un sol fiable sur lequel marcher.

## Comment la tortue me protège

La tortue t'empêche de te laisser happer par tes activités quotidiennes. Elle t'évite de prendre des décisions précipitées, et t'incite à suivre tranquillement ta route. Elle te montre qu'il est parfois judicieux, dans les périodes de troubles, de se protéger derrière sa carapace, de se reposer et de se ressourcer, avant d'affronter à nouveau les défis de la vie.

## Exercice pour me relier à cet animal

Ferme les yeux et imagine que tu es au bord d'une rivière, dans un superbe paysage de verdure. Assieds-toi sur une grosse pierre au bord de l'eau, et invoque ta tortue. Tu vois un grand et vieil animal s'approcher de toi. Lorsqu'il te découvre, il s'arrête et te regarde. Tu t'approches de ta tortue et touches sa carapace. Force et calme se diffusent en toi. Tu entends dans ta tête ces mots : « Chaque fois que tu as besoin de ma protection et de ma force, touche mentalement ma carapace, et elle sera tienne. » Tu t'assieds dans l'herbe, l'animal à tes côtés. Reste dans cette plénitude aussi longtemps que tu en as besoin, avant de rejoindre l'ici et maintenant en inspirant et en expirant profondément.

# Conclusion

Cet ouvrage nous a, nous aussi, reliés encore plus profondément aux animaux totems. Durant l'écriture de ce livre, une souris s'est invitée dans nos locaux, nous rappelant de ne pas oublier l'essentiel.

L'autour a toujours accompagné nos promenades et apparaissait souvent pour nous faire savoir que le Grand Esprit veille sur nous.



Nous avons la grande chance d'être fortement liés aux Indiens d'Amérique du Nord. Leur perception d'eux-mêmes, leur façon de vivre avec les animaux totems, de les respecter et de les honorer, ont été, et sont, un immense enrichissement pour nous.

Invoque tes animaux totems ! Ils accourront avec toutes leurs forces. Accepte d'être aidé par le Ciel à travers ces créatures. Que ces compagnons guérisseurs fassent désormais partie de ta vie !

# Bibliographie


Carson Davis, *Communiquer avec les animaux totems*, Éditions Véga, 2011.

De Sende Lorys, *Atelier mandalas pour rencontrer nos animaux totems*, Éditions Le Courrier du Livre, 2013.

Lüttichau Chris, *Les animaux totems*, Éditions Contre-Dires, 2011.

**Phillip Kansa** est né aux États-Unis en 1943. Ce psychologue de formation travaille depuis 30 ans comme maître et conseiller spirituel, et il est également chaman depuis 22 ans.

**Elke Kirchner** est clairvoyante et s'inscrit dans le chamanisme. Elle communique avec l'ange Uriel, et est en contact avec les êtres lumineux et les animaux totems. Depuis douze ans, elle dirige des séminaires consacrés aux anges et aux chamans. Elle est également cofondatrice du centre « Vision of love » dédié à la croissance spirituelle, à la guérison de l'esprit et à la clairvoyance.

*www.seminarhaus-lichthof.de*